EXTRAIT

D'UN

PARALLÈLE

HISTORIQUE,

Qui, à l'aide du passé et du présent, pourra faire prévoir un grand avenir,

Par J. B. PÉRÈS, ancien Magistrat.

Nouvelle Édition.

PRIX : 25 CENTIMES.

DÉPOT A LA PHARMACIE PÉRÈS,
7, Rue Nationale-Saint-Martin.

1848.

PARIS. — IMPRIMERIE PÖLLET ET Cᵉ, RUE SAINT-DENIS, 380.

Extrait

D'UN

PARALLÈLE HISTORIQUE

QUI,

A l'aide du passé et du présent,

Pourra faire prévoir un grand avenir.

Au commencement du dernier siècle, des disciples de Port-Royal, comparant ensemble l'histoire des Juifs et celle des Chrétiens, s'aperçurent qu'elles se ressemblaient, non pas certes trait pour trait, mais bien comme deux grands tableaux qui, quoique peints sur la même esquisse, différeraient entre eux et par les couleurs et par un nombre infini de détails ; ou, encore, comme deux pièces de musique qui auraient le même sujet ou même thème, mais dont les accords, les accompagnements, les variations, les symphonies seraient fort différents; ce qui n'empêcherait pas les gens de l'art d'en saisir la ressemblance.

C'est ainsi que le Grand Régulateur de toutes choses, le Dieu des Juifs et des Chrétiens, voulant que son premier peuple fût l'image du second, a dirigé chez l'un et l'autre (comme arbitre souverain des volontés humaines) tous les évènements, d'après un plan unique, tracé par sa main toute-puissante.

Ceux qui aperçurent ces rapports, dépouillèrent les deux histoires de toutes leurs dissemblances, et il leur resta en main une double chaîne de faits semblables deux à deux, et semblàblement placés dans les deux histoires. Or, cette double chaîne dont le parallèle fut formé, conduit d'évènements en évènements, jusqu'aux rois de Syrie et aux Machabées d'une part, et de l'autre jusqu'à la dynastie des Bourbons, et à l'illustre société de Port-Royal ; d'où il résulte que la dynastie des Bourbons était figurée par les rois de Syrie, et Port-Royal par les Machabées, ces héroïques défenseurs de la religion de de leurs pères (1).

Mais il est remarquable que, dans les parallèles historiques, on trouve des individus qui en figurent plusieurs, et en voici la raison :

Les évènements de l'histoire sont comme de grands drames, ayant l'univers pour théâtre et les hommes pour acteurs. Or, dans un drame, le rôle est tout, et l'acteur qui le joue, n'est rien que relativement au rôle. Si, par exemple, un acteur vient à mourir pendant l'action, il est incontinent remplacé par un autre qui n'est pas distingué du précédent dans le drame.

Et d'après cela, Louis XVIII et son frère Charles doivent s'offrir sous un seul emblême, car leur unité de rôle ne peut

---

(1) Le rédacteur de cet ouvrage fut M. Ettemarre (J.-B. Le Sesne de Ménilles d').

pas être exprimée d'une manière plus forte qu'elle ne l'est par les paroles suivantes : « Je veux que mon règne ne soit que la « continuation de celui de mon frère, qu'il ne soit que le « règne de Louis XVIII continué ; c'est mon vœu , ma prière « au Ciel , mon unique ambition, et ce sera l'étude de toute « ma vie. » Telle est la déclaration solennelle que fit Charles X aux ambassadeurs des puissances. On peut la voir dans le *Moniteur* du samedi 18 septembre 1824 , 1re colonne de la 1re page et 3e colonne la 2e.

Ainsi Louis et Charles forment un personnage *dicéphale* (à deux têtes), mais un seul personnage , parce qu'ils ne remplissent qu'un rôle dans le drame : le rôle qui a pour but la contre-révolution ; et, s'il en survenait un autre qui tendît au même but , sous quelques couleurs qu'il se présentât, il ne ferait qu'un avec les précédents, et ils pourraient , tous les trois, être représentés par un seul individu dans le parallèle.

Ce parallèle , dont la première édition n'allait point au-delà de l'année 1713, a été continué ensuite jusqu'au temps où nous sommes , et l'extrait que nous en donnons en ce moment, a pour objet les principaux faits de notre histoire, depuis la mort de Louis XIV, qui répond à Antiochus , si mal à propos surnommé l'illustre (épiphane).

Peut-être sera-t-on surpris de voir qu'il s'y agisse si souvent des Jésuites et de Port-Royal ; mais on n'a qu'à consulter l'histoire , et l'on verra que les démêlés entre Port — Royal et les Jésuites, furent la grande affaire qui occupa les dernières années de Louis XIV, et presque tout le règne de Louis XV ; que c'était presque l'unique objet des couversations de la France et de l'Europe; ce qui leur fit donner le nom d'*affaires du temps*, et ce nom a subsisté jusqu'à la Révolution française, qui, bien capable d'occuper tous les esprits, a été l'unique grande affaire de notre temps ; et comme les évènements de cette grande affaire, et ceux qui l'ont suivie, sont trop récents pour qu'on les ignore, quand nous en serons là, nous nous contenterons de présenter le tableau de l'histoire de Syrie, laissant au lecteur le soin d'en faire l'application à la nôtre.

SYRIE.	FRANCE.
MORT **D'ANTIOCHUS ÉPIPHANE.**	**MORT** **DE LOUIS XIV.**
Antiochus, ce féroce ennemi des Machabées et de tous les Juifs fidèles à la loi de Moïse, mourut gangrené dans tout son corps, exhalant une odeur si infecte, que personne ne pouvait rester auprès de lui. (Voy. Machabées, liv. 2, chap. 9, v. 9 et 10.)	*Louis XIV, ce violent persécuteur de Port-Royal et des chrétiens les plus fidèles aux saintes lois de l'Évangile, mourut d'une gangrène universelle, abandonné de toute sa cour, et même de madame de Maintenon, sa femme. (Voyez Lacretelle, Histoire du 18e siècle, 3e édition, t, 1, pages 103, 104 et 105). Quand nous citerons Lacretelle, ce sera toujours sa 3e édition.*
RÈGNE **D'ANTIOCHUS EUPATOR.**	**RÈGNE** **DE LOUIS XV.**
Antiochus Eupator succéda à Antiochus Épiphane, dont il était le seul héritier.	*Louis XV succéda à Louis XIV, dont il était l'unique héritier.*

SYRIE.	FRANCE.

Eupator était encore enfant lorsqu'il monta sur le trône de Syrie (1).

PHILIPPE fut régent du royaume de Syrie (2).

LYSIAS fut précepteur d'Eupator, nommé par Anthiochus Epiphane lui-même, pour avoir pris soin de l'éducation du jeune prince (3).

Lysias se rendit maître des affaires du royaume de Syrie, sous la minorité d'Eupator.

L'Écriture donne à Lysias le titre de cousin du jeune prince (4).

La cour de Syrie fait la guerre aux Juifs fidèles qui marchaient sous les bannières des Machabées.

Lysias attaque les Machabées avec une armée de quatre-vingt mille hommes de pied, sans compter la cavalerie (5).

Louis XV n'avait que cinq ans et demi lorsqu'il monta sur le trône de France.

PHILIPPE fut régent du royaume de France.

FLEURY, évêque de Fréjus, fut précepteur de Louis XV, nommé à ces fonctions par Louis XIV lui-même (6).

Fleury se rendit maître des affaires du royaume de France, sous la minorité de Louis XV (7).

Les rois de France donnaient aux cardinaux le titre de cousin, et Fleury fut fait cardinal.

La Cour de France persécute les disciples de Port-Royal, sous le nom de Jansénistes, nom qui leur était donné par les Jésuites, leurs adversaires.

Quatre-vingt mille lettres de cachet sont expédiées contre les prétendus Jansénistes, sous le ministère de Fleury (8), sans compter un nombre infini d'autres vexations.

---

(1) Machabées, l. 1, c. 6, v. 14 et 15.
(2) Ibidem.
(3) Ibidem, c. 3, v. 33.
(4) Ibidem, l. 2, c. 11, v. 1.
(5) Ibidem, v. 2.

(6) Voy. le journal de l'abbé Dorsanne, t. 1, p. 453. . . . . . Voy. aussi la biographie universelle sur le mot Fleury (André Hercule).
(7) Journal de Dorsanne, t. 4, p. 250 et suiv.
(8) C'est ce qu'on lit dans un des derniers numéros de la Minerve.

SYRIE.

FRANCE.

Les Machabées , dont le nom signifie les persécutés , deviennent redoutables par leur courage héroïque , par la protection de Dieu , et par leurs conquêtes sur les peuples voisins (1).

Les persécutés, prétendus Jansénistes , deviennent redoutables par la force de leurs écrits, par leur zèle courageux , et par l'ascendant qu'ils prennent de toutes parts sur les esprits (6).

La Cour de Syrie entre en accommodement avec les Machabées (2).

La Cour de France entre en négociation avec les persécutés (7).

Mais cela n'empêche pas que quelques gouverneurs de province ne les harcèlent d'une manière aussi cruelle que perfide (3).

Mais ces négociations n'arrêtent pas les vexations exercées contre eux par les évêques , dévoués aux Jésuites, alors tout-puissants.

La guerre recommence contre les Juifs fidèles , de la part d'Eupator, assisté de Lysias, son premier ministre (4).

La persécution se rallume contre les défenseurs de la saine doctrine, de la part de Louis XV, dominé par le cardinal, qui le tenait comme en tutelle (8).

Quelque temps après les circonstances où le roi de Syrie se trouva , l'engagèrent à faire alliance avec les Machabées, mais une alliance qui n'avait aucun caractère de sincérité (5).

Quelque temps après , les circonstances engagèrent Louis XV à se rapprocher des persécutés , en proscrivant la société instigatrice des persécutions; mais le reste de sa conduite ne répondit point à cette sage mesure ; il disgracia même ceux qui la lui avaient dictée , et s'environna encore de personnes.

---

(1) Machabées, l. 2 , c. 12.
(2) Ibidem , c. 11, 13, 14 et suiv.
(3) Ibidem , c. 12 , v. 1 et 2.
(4) Ibidem , c. 13 , v. 1 et 2.
(5) Ibidem , v. 23, 24 et 25.

(6) Lacretelle , histoire du dix-huitième siècle, t. 2, p. 308 et 309; t. 6, p. 261.
(7) Journal de Dorsanne, t. 5, p. 392 et 402.
(8) Lacretelle , histoire du dix-huitième siècle, t. 3, p. 182, 189 et 190.

<table>
<tr><td>

SYRIE.

</td><td>

FRANCE.

</td></tr>
<tr><td>

RÈGNE
DE DÉMÉTRIUS SOTER.

Démétrius monte sur le trône de Syrie, et se présente sous un aspect si favorable, qu'on lui donne le surnom de *Soter*, qui veut dire *Sauveur*.

Mais les choses bientôt changèrent de face.

Démétrius Soter s'adandonna à l'oisiveté et aux excès du vin, selon l'histoire ; les requêtes qu'on lui présentait n'étaient pas reçues ; la justice n'était pas administrée ; les affaires de l'État languissaient (1).

Bientôt tous les esprits se soulevèrent contre lui ; une conspiration se forma pour le déposer (2), et le malheureux Démétrius perdit la couronne et la vie.

</td><td>

RÈGNE
DE LOUIS XVI.

Louis XVI, monté sur le trône de France, se hâta d'abolir des abus qui, depuis des siècles, faisaient gémir l'humanité (3), et on fut tellement prévenu en sa faveur, que l'on publia en plusieurs volumes les traits les plus saillants de sa conduite, sous le titre de sagesse de Louis XVI.

Mais la scène ne tarda pas à changer.

ENTR'ACTE,

La République.

</td></tr>
</table>

(1) Lacretelle, histoire du dix-huitième siècle, t. 6, page 24, 27 et 32.
(2) Mesenguy, t. 7, page 14.

(3) Lacretelle, t. 4, p. 352 jusqu'à 360.

SYRIE.	FRANCE.
Sur ces entrefaites , un jeune homme de basse naissance , dit l'histoire (ce qui signifie qu'il n'était pas de naissance royale) s'empara du trône de Syrie. Ce jeune homme était né dans une île (dans l'île de Rhodes), et il s'appelait *Bala;* or, Bala, dans la langue du pays , c'est-à-dire en syriaque , signifie *perdens , destruens, exterminans.*	*L'île de Corse.*
	Et Napoléon (ou plus correctement Néapolion, qui est son véritable nom, tel qu'on le voit sur les monuments dont il a embelli la capitale), signifie, en grec, véritable exterminateur. *Mais c'est la Révolution qui fut la véritable exterminatrice , n'ayant rien épargné, et Napoléon , formant avec elle le personnage complexe qui est figuré par Bala, porte le nom qui la caractérise.*
Bala , surnommé Alexandre, devenu roi de Syrie , demanda en mariage la fille d'un roi voisin : la fille de Ptolomée–Philométor, roi d'Égypte ; elle lui fut accordée. On célébra les noces avec une grande magnificence, et le grand sacrificateur des Juifs y fut invité (1).	*Le pape Pie VII.*

(1) Moréry, au mot Alexandre Bala , Machabées, l. 1, c. 10, v. 58 et 59.

SYRIE.	FRANCE.
De ce mariage, Bala eut un fils, un fils unique.	
Mais le despotisme de son gouvernement, joint au souvenir du meurtre d'*Antigone*, prince du sang royal, que *Ammonius*, ministre de Bala avait fait tuer, rendit Bala odieux aux Syriens (1).	*Le duc d'Enghien.*
Pendant ce temps-là, deux princes issus des anciens rois, et prétendant tous les deux au trône de Syrie, étaient retirés dans une île (en Crête), et attendaient là une occasion favorable pour faire valoir les droits de leur naissance (2).	*En Angleterre.*
Ces deux princes étaient Démétrius, surnommé *Nicator*, c'est-à-dire le vainqueur.	*Louis XVIII, vainqueur comme Démétrius le fut à l'aide des troupes étrangères.*
Et son frère puîné, Antiochus, surnommé *Sidète*, c'est-à-dire le chasseur (3).	*Le* Chasseur ! *Jamais ce nom n'a convenu à personne autant qu'à Charles X, qui tue chaque jour de l'année, terme moyen, une trentaine de têtes de gibier. (Voyez le Bulletin des Sciences, par Ferrussac, géographie, mois de mars 1830, p. 398).*

---

(1) Prideaux, année 148 avant J.-C.

(2) Machabées, l. 1, c. 10, v. 64. . . . . . Joseph, antiquités, l. 13, c. 8. Mesenguy, t. 7, page 18.

(3) C'est la signification du mot SIDÈTE (en la langue du pays). Voy. Morery, au mot Antiochus Sidète.

— 12 —

SYRIE.	FRANCE.
Sur ces entrefaites, Ptolémée-Philométor, beau-père de Bala, se brouille avec lui; il entre dans ses États à main armée; il contribue à le détrôner; il reprend sa fille *quatre* ans après la lui avoir donnée (1).	*Donnée en 1810, et reprise en 1814.*
Et sans aucun égard pour ses propres intérêts, il concourt à placer l'héritier légitime sur le trone de ses pères (2).	
Démétrius Nicator fut reconnu roi de Syrie, et Bala, voyant les Syriens révoltés contre lui, se retira en Cilicie (3).	*L'île d'Elbe.*
Peu après il rentra en Syrie, et ayant perdu une bataille, il se réfugia chez Zabdiel, roi *arabe,* qui viola à son égard toutes les lois de l'hospitalité, et le fit périr (4).	*Toute terre inhospitalière est Arabie.*
Démétrius Nicator, assis sur le trône de ses pères, laissa tout faire à son ministre *Lasthène,* qui avait procuré des secours étrangers.	*Richelieu.*

(1) Hist. du monde par Chevreau, t. 1, p. 429.
(2) Mesenguy, t. 7, p. 19 et 20.
(3) Joseph, ant. l. 13, c. 8.
(4) Machabées, l. 1, c. 11, v. 14, 15, 16 et 17.

SYRIE.

Ce *Lasthène* se conduisit si mal, qu'il fit perdre à son maître le cœur des hommes qui lui étaient les plus nécessaires. Par son conseil, il congédia l'armée de Syrie (1), renvoyant chacun sur ses foyers, et ne garda que les troupes étrangères qui lui avaient été fournies par les *îles des nations* (2).

Ce licenciement de l'armée de Syrie attira à Démétrius la haine des gens de guerre, et la rigueur de ses vengeances ne tarda pas à lui attirer celle du peuple (3).

Quelque temps après, les troupes étrangères que Démétrius regardait comme siennes, depuis qu'elles avaient concouru à le mettre sur le trône, se retirèrent (4),

FRANCE.

L'armée de la Loire.

Voyez ce qui nous est rappelé à cet égard par l'Indicateur Bordelais du 15 février 1831, page 4, colonne 1 et 2.

---

(1) Machabées, l. 1, c. 11, v. 00.

(2) C'est ce que nous lisons dans le premier livre des Machabées, c. 11, v. 38. Or, dans le langage de l'Écriture, l'Europe est désignée sous le nom d'île des nations : c'est un fait universellement reconnu, et par conséquent, des troupes européennes avaient concouru à mettre Démétrius Nicator sur le trône de Syrie.

(3) Prideaux, t. 4, p. 452 et 457. . . . . . Mesenguy, t. 7, p. 21.

(4) Machabées, l. 1, c. 11, v. 43.

SYRIE.

Et bientôt on fit en Syrie des tentatives pour secouer le joug. Dons une circonstance, les habitants de la capitale s'ameutèrent au nombre de plus de cent mille (1).

Mais tout fut déjoué ou comprimé (2).

Enfin la paix se fit : *fecerunt pacem* (3).

Mais Démétrius ne tint rien de ce qu'il avait promis. *Et mentitus est omnia quæcumque dixit* (4).

Ce système de mensonge et de duplicité long-temps soutenu, joint à bien d'autres abus de ce gouvernement, le rendit odieux et méprisable aux Syriens, cc qui causa sa chute.

FRANCE.

La paix est faite entre le roi et le peuple. C'est ainsi que s'exprimèrent les journaux du temps.

ENTR'ACTE.

Cet entr'acte paraît d'abord étranger au drame, mais, qu'on y songe, et l'on verra que sans l'entr'acte le dénouement aurait souffert des difficultés bien plus grandes, et peut-être insurmontables.

---

(1) Machabées, l. 1, ch. 11, v. 45 et 46.
(2) Ibidem. v. 47.
(3) Ibidem, v. 51.
(4) Ibidem, v. 53.

SYRIE.

Dans cet intervalle, le fils de Bala, après bien des temporisations de la part du roi qui le faisait élever dans sa Cour, se vit libre enfin de suivre sa destinée.

Un manifeste fut publié pour établir les droits de ce jeune prince sur la couronne de Syrie; et aussitôt grand nombre de Syriens, soldats et autres, accoururent auprès du prétendant, et il fut proclamé roi avec un tel enthousiasme, qu'on lui donna le surnom de *théos*, qui signifie le Dieu. (*Voyez* Prideaux, tome 4, page 458, année 144 avant Jésus-Christ.)

NOTA. Ce que l'ont vient de lire n'est qu'un bien petit fragment d'un ouvrage qui gît depuis fort long-temps dans notre porte-feuille, n'ayant pu se montrer durant les jours mauvais; mais maintenant que les plus grands obstacles ont disparu, il ne tardera point à être mis au jour, si le faible extrait que nous venons d'en donner, est accueilli de manière à nous faire comprendre que le public ne dédaigne pas les écrits de ce genre.

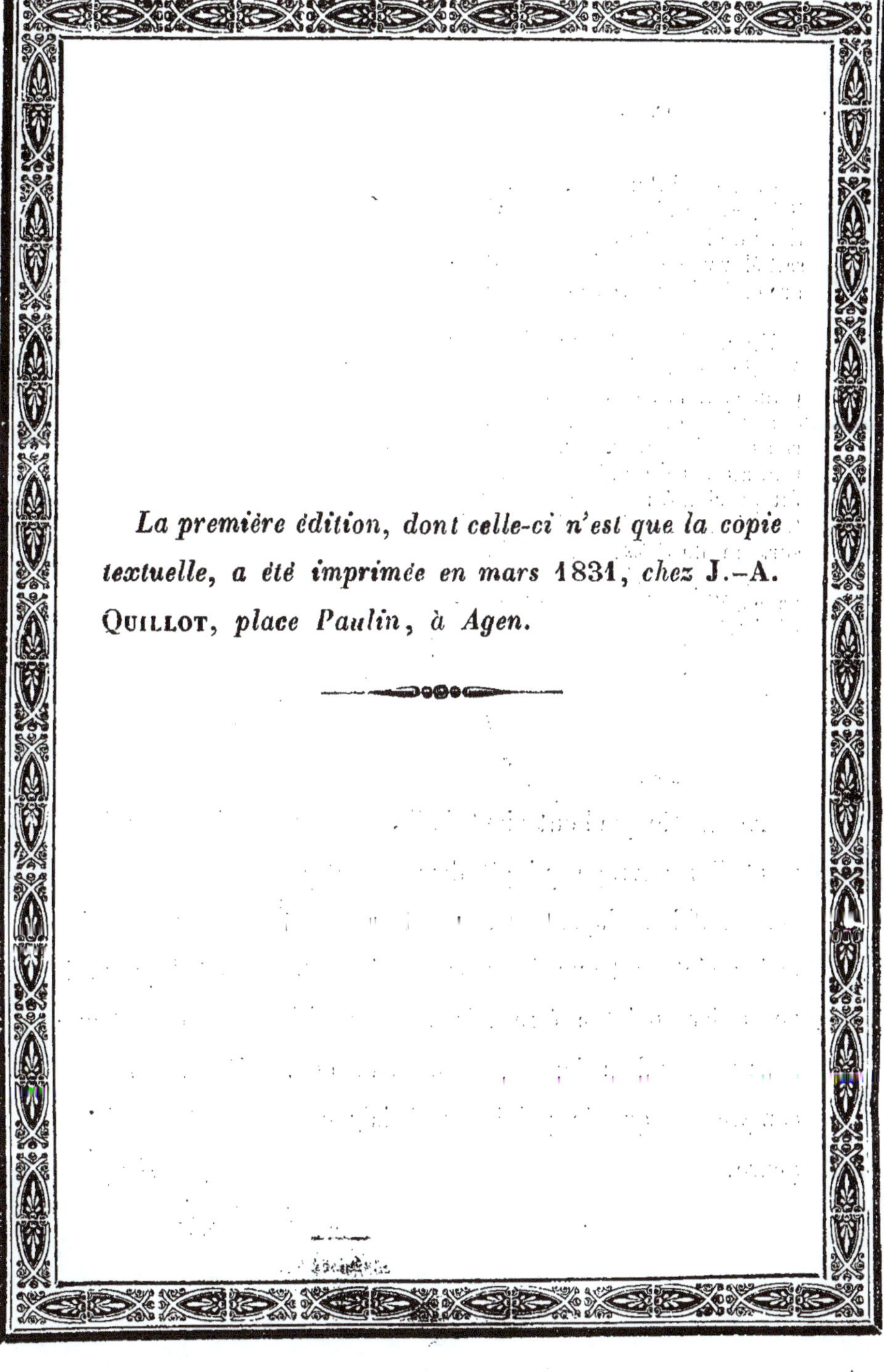

La première édition, dont celle-ci n'est que la copie textuelle, a été imprimée en mars 1831, chez J.-A. Quillot, place Paulin, à Agen.